夫婦喧嘩は買ったらダメ。勝ったらダメ。

野々村友紀子

産業編集センター

まえがき

「そんなん最初だけやって。すぐ後悔するから」

新婚の頃、「結婚生活めちゃくちゃ楽しい！　結婚して良かった！」と、結婚の良さを力説する私に、結婚3年目の友人は呆れたように言い、アイスコーヒーの氷を少し乱暴にかき回した。

結婚っていろいろ大変なのだな、と心の中で汗をかいたが、私の中ではこれから起こるかもしれない結婚の嫌なことより、これから起こるであろう楽しい結婚生活への期待の方が大きく大きく膨らんでいたので気にはならなかった。

あれから17年の時が過ぎ、友人が予言した通り私の意見は変わったかというと、これが全く変わってなく、そのまんまだ。
なんなら「やっぱ結婚生活めちゃくちゃ楽しい！　やっぱ結婚して良かった！」のあとに「来世も同じ人と結婚したい！」までが付け加えられてしまった。

友人はというと、あれから二度の離婚を経験。今は結婚はせず、子どもと二人、自由に生きている。そんな友人からすると、こんなことをのたまう私は、頭がおかしいか洗脳されているか強がっているだけに見えるかもしれない。
いや、あの友人だけじゃなく、他の友人知人もさすがに「嘘やろ」と、ドン引きするかも。しかし、これが私の嘘偽りなき正直な、結婚生活に対する今の気持ちだ。

しかし、この気持ちはただただ結婚生活を過ごしてきただけでは持続することは難しかったかもしれない。人は必ず時間とともに全てに慣れ、ただでさえ見つけにくい小さな幸せを見失いがちなのだから。

以前、大きなイオンモールのエレベーターで、ベビーカーを押した若い夫婦と乗り合わせた。
スマホを見ながら立っている奥さんに金髪の夫が「お前またデブった？」と半笑いで言う。
奥さんはスマホから顔も上げずに「はっ？　ウザいんだけど」
夫「食いすぎじゃね」
嫁「ハゲに言われたくないし」
夫「(笑) 今日何食うの」
嫁「んー、肉？」
夫「まだデブる気か？　きついわ (笑)」

ドアが開き、二人は特にケンカをするわけでもなく、何を食べるか話しながら、普通にレストランのフロアで降りて行った。
仲が悪いわけでは決してない。むしろ仲良く見えた。

きっと一緒にいて、すごく楽なのだろう。お互いに言いたいことを言えて、喧嘩するときは激しくすることもあるけど、散々言い合ったらスッキリ。溜めるよりもその方が良いのかもしれない。夫婦にはそれぞれの在り方がある。

でも、私にはまだこんな会話をする勇気はない。長い夫婦生活、「その感じでいつまで行けるのか」と心配になるのだ。このままいくと、いつかお互いが「気楽なだけの存在」になってしまわないのか。数年後、数十年後、まだまだ夫婦での生活が続くことを知ったとき、そこに夫婦として、どんなものが、どんな絆として残るのか。子どもが巣立ったら？　お金がなくなったら？

だって夫婦ってこんなもんでしょ、と言えば賛同は得られるかもしれない。

だけど、「いつまでも仲良く、恋人同士のような夫婦」は、幻想ではない。それは、二人で作るものだ。

確かに、結婚さえすれば、何もしなくても夫婦関係というものは築かれていくし、離婚さえしなければ、何もしなくても関係は継続することができる。

夫婦になることが「ゴールイン」なので、あとは何もしなくてもいいような気になってしまう錯覚をつい起こすのかもしれない。

しかし結婚とは、ゴールしたときこそが、スタート。

ただの「夫婦」ではなく、「いつまでもお互いのことを尊敬し合える夫婦」、「いつまでもお互いを大好きな夫婦」でいたければ、お互いになんでもさらけ出すことが最良ではない。

「夫婦円満」とは、互いの努力の上に成り立ったものだと私は思う。

好きな人の良いところも悪いところも見て、その全てを受け入れて一緒に長く生活する。それで永遠に文句がなければ良いが、どれだけ好きで結婚しても、意見が対立することは必ずあるし、同じ部屋にいても寂しいと思うこともあれば、同じ部屋にいたくないと思う日もあるだろう。

転職したり、子どもができたり、日々の微妙な生活の変化によっても、二人の関係はまったく変わらないということはない。

どんな環境でも、お互いをいたわり合い、愛情を枯らすことなく良好な関係を維持するためには、日々のちょっとしたことをおろそかにしないことこそが大切になる。ちょっとした言葉遣い、ちょっとしたものの言い方、ちょっとした気遣い。

つい、忘れそうになること。だけど、それは忘れてはいけないこと。

もともとは全く違う環境にいた他人同士の二人が、たまたま出会い、愛という永遠ではないかもしれないものに永遠に添い遂げると誓って、一緒に住んでいるだけ。血が通っているわけでもないのだ。

夫婦といえど、なんでもかんでも感情をぶつけて、なんでも言えばいい相手ではないはずだ。

人と人の「良い関係性」というのは、放置してできるものではない。

努力して「育てるもの」だと私は思う。

もちろん、片方だけが努力しても意味はない。

お互いに、長い夫婦生活をより快適に過ごせるよう、自分のためにも相手のためにも、二人で愛情をかけて大切に育てる関係、それが夫婦関係ではないか。

そして、何より大事なのは、その努力を途中でやめないこと。

そうしたら、永遠ではないかもしれない愛が、永遠に近づくかもしれない。


あのとき、友人があんな言葉を言ってくれなかったら、もしかして私も気づかなかったかもしれないこと。深く考えないで、怒ったり愚痴ったりしながら、気楽な結婚生活をただ過ごしていたかもしれない。


だけど、せっかく結婚したなら、少しの努力でいいから頑張って、できるだけ幸せになった方がいい。

だって夫婦の関係は、幸せでも、不幸せでも、普通でも、どちらかがいなくなるまで、ずーっと、続いて行くのだから。

この本は、そんな私の小さな努力を、自分自身いつまでも忘れないためにもと、言葉にしてまとめた一冊です。

もくじ

第1章 幸せ上手な妻になる 15

夫婦に幸せを呼ぶのは「言い合い」じゃなく、「言わない愛」。／夫へは、常に明朝体じゃなく丸字ゴシック体で話しかける。／つまんない話の中にある奇跡の重なりを探す。／夫婦の、合わない部分、違う部分は、「尊敬に変換」。／妻のパンツは夫に畳ませない。／「愛してる」「守る」「助ける」それは言わないとわからない、こともない。／傷つけずに、気づいてもらう。／愛とは、パンツのゴムを直すこと。／「妻の顔」は「特別な顔」。

column 夫婦喧嘩の反省会 36

第2章　夫婦が忘れてはいけないこと　41

大事なのは越えてはいけない線よりも、少し手前にある線。／妻は張るな、「欲」と「食い意地」。夫は張るな、「虚勢」と「見栄」。／「ごめんね」の気持ちを拒否しないこと。／見える部分の維持より、見えない部分の維持が大事。／「最初の人」なんて重要じゃない。一番大事なのは、「最後の人」。／いろいろ絡まって、いろいろ混ざって、見え辛くなっちゃうときもある。この二人を繋ぐ紐、元を辿って辿って辿れば、恋から始まっていること。／片方が倒れたら片方が立て。片方が笑えば一緒に笑え。／夫婦の「意地張り合戦」ほど、不毛な戦はない。／結婚生活のハンドルは一つ。得意な道で、どちらかが握ればいい。／家庭円満は、夫婦円満についてくる。

column
「実家に帰る」未遂事件　68

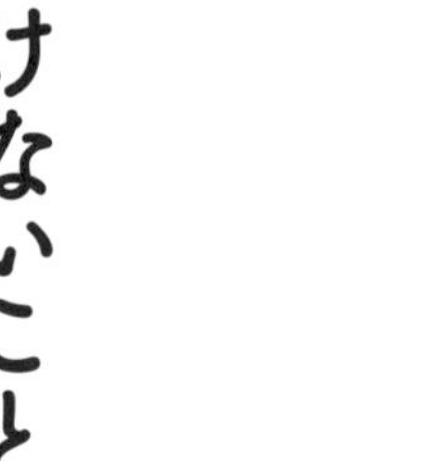

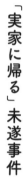

第3章 家に帰るのが大好きな夫婦になるために 77

「いってらっしゃい」と「おかえりなさい」を大切に。／「いってらっしゃい」と「おかえりなさい」には、口に出さない隠しワードを添える。／夫は、「おかえりなさい」で妻の一日がだいたいわかる。／業務連絡も立派な夫婦の会話。／一緒でも別々でいい。だけど、別々でも、一緒がいい。／味の好み、家具の趣味、笑いのツボ。似ている部分は、「夫婦だから当たり前」ではなく、相手が合わせてくれているのかもしれない。／お互いにとって、「早く帰りたい家」であること。／一緒に歳を重ねられることを、一緒に喜ぶこと。自分だけではなく、相手が健康であることに、感謝すること。／夫婦円満の秘訣は、いかに「我慢するか」ではなく、いかに、「我慢することを減らす」か。

column
両親の変な夫婦関係 104

第4章 喧嘩をしない夫婦になるには　115

「心配ごと」を排除すること。／ルールは決めすぎないこと。／自己満足と割り切ること。／言葉の温度に気をつけること。／一人で生きていく覚悟を持つこと。／無駄喧嘩を回避すること。／夫婦喧嘩は、買ったらダメ。勝ったらダメ。／話を遮る。話を遮って否定する。話を聞くが、否定する。他人や世間の意見と比べて否定する。自分の考えを押し付ける。ささいなことで大きく責める。打ち負かすまで責める。見下す。バカにする。これでは、毎日喧嘩。／今日も、平和だ。と、思うこと。

column
記念日のプレゼント　140

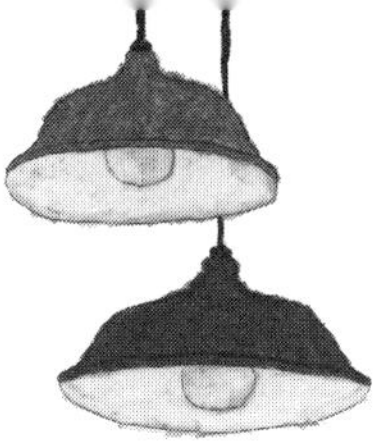

第5章　二人で幸せになるために　151

行列に楽しく並べるか。／タンスの角で思いっきり足をぶつけた夫に、とっさに「大丈夫?」が出てくるか。／二人で決められることでも、二人で相談しているか。／向こうの提案にどこまで乗れるか。こちらの提案に乗らないときに許せるか。／夫を「大きな子ども」だと思っていないか。／「夫婦愛」と「家族愛」を一緒にしていないか。／夫婦こそ、「おかげ様」と「おたがい様」だということを忘れてはいけない。／楽しかった思い出を何度でも話しているか。／二人で一緒にいる意味を見失っていないか。

ちょっと長めの　あとがき　170

第1章 幸せ上手な妻になる

「幸せ」は薄味。「不幸」は激辛。
不幸は口に入っただけですぐわかるけど、
幸せはよく噛み締めないと、気がつかない。
毎日、何か小さな不幸を探しては
愚痴ばかり言っていると、人生はだいたい不幸味。
毎日、小さな幸せを見つけては
「ありがとう」と言うことを増やせば、
人生は幸せで満ちていく。
夫婦の幸せは、自分一人ではなく二人で作るもの。
幸せ上手な妻とは、二人で幸せになるための
ちょっとした努力をしてきた妻のこと。

夫婦に幸せを呼ぶのは
「言い合い」じゃなく、
「言わない愛」。

だからさあ、洗面所の電気消してってば！
洗い物してくれるのはいいけど、水気も拭いてよ！
つーか汚れ落ちてないんだって！　もういい私がやる！
ついつい言いたくなってしまうことなんて
日常生活の中に常にあふれている。
全て言ってしまえばスッキリするかもしれない。
だけど、
相手だって常日頃、何か我慢してくれているはず。
時には黙って代わりに行う「言わない愛」が
家庭の平和と幸せを呼ぶことがある。

夫へは、常に
明朝体じゃなく
丸字ゴシック体で
話しかける。

言い方って本当に大事。
言い方次第で同じ内容でも全然印象が違う。

「これやっといて」
「これやっといて」

全然違う！

「何してんの？　も〜バカ〜」
「何してんの？　バカじゃないの？　は？」

ね？

全然違う!!

だから旦那さんには、要求も小言も愚痴も
愛の言葉と同じトーンで話したいと思う。

つまんない話の中にある
奇跡の重なりを探す。

夫婦なんだから、お互いに思うことがあるでしょう。
この話つまんないなぁ、長いなぁ、いつまで喋るんだろう……
大概そういう話って、自分には全く関係のない話。
全く興味のないことの長い説明。

「なんでこの人は、私が一生しないであろう仕事の手続きの話をこんなに丁寧に説明してくださるんだろう？」
そう奥さんが思えば、旦那さんだって、
一生穿くことのないスカートの色と形の微妙な違いについて延々説明されて、どっちがいいと思うかを問い詰められた挙句に思い切って答えたら「……うーん（そっちじゃないんだよなぁ）」という顔をされ「なんじゃい!!」と思っていることでしょう。
でも、その全く関係ないと思われる話の中に
ごくたまに、奇跡的に重なる共通の思いや、話題が隠れていたりするものです。

夫婦は、共通の気持ちや話題があればあるほどうまくいく。
重なった思いは強い絆となる。
つまんねーなーと思っても、奇跡を探す時間だと思って楽しみたい。

第1章
幸せ上手な妻になる

夫婦の、
合わない部分、
違う部分は、
「尊敬に変換」。

夫婦なんて、他人が二人でいるだけ。
夫婦になったからって、血が繋がるわけじゃない。
血の繋がった家族ですら、全然違う人間同士。
だから自分と合わない、違う部分の方が多いに決まっている。
それを「わからない部分」「嫌なところ」にしないこと。
そこは全て〝尊敬変換〟。
「こういうところがあるから、あれが得意なんだなー尊敬!!」
全部良い部分につなげて、最終的に「必ず尊敬する」。
これはそういうゲームだと思ってもいい。やってみること。
違うところも尊敬できたら腹が立たない。

妻のパンツは
夫に畳ませない。

洗濯物を畳むのを手伝ってくれる優しい旦那さんでも
「それは自分でやるから置いておいてね」と遠慮してみる。
下着を目に触れるところに干すのもやめたほうがいい。
別に、見られたところで、どうってこともないんだけども、
別に、見せなかったからって、どうってこともないんだけども。
いつまでも女性として見て欲しければ、
女はいつまでも「ちょっと謎の部分」を持つこと。

「愛してる」「守る」「助ける」
それは言わないとわからない、
こともない。

これらの言葉は、言われたら嬉しいかもしれない。
でも、本当は「言われなくても十分感じる」のが一番。
心から思っている人は、わざわざ語らずとも十分伝わる行動をしている。
どんな形であれ、愛情を信じて疑わせない。
「愛してるよ」「ずっと守るから」「絶対に助けるよ」
こんな言葉をよく言う人ほど、行動が伴っていないことが多い。
普段はあまり(愛を)感じないけれど、「よく言ってくれるからそうなんだ」と
思わされる相手は、本心ではそうは思っていないかもしれない。
言葉でなんとか誤魔化そうとしているだけかもしれない。
相手にそう言っている自分が好きなだけかもしれない。
言葉だけに酔ってはいけない。言葉だけに安心してはいけない。
そんな言葉はなくても、信頼できる関係を築く方が、100倍平和。

傷つけずに、気づいてもらう。

「太ったね」「禿げたんじゃない？」「ダサい」

なんでも言い合える仲はいいけれど、
なんでもかんでもそのまま伝えればいいってもんじゃない。

直接的すぎる言葉はわかりやすいけど、プライドを傷つける。

自分が言われたら嫌なことは、工夫することが必要。

「ん？　なんで今、それ言ったの？」と思わせることができたらそれでいい。

しかも、自ずから気づいた方が、効果的だし、いいことづくし。

「いつまでも体型変わらないでかっこよくいてね」

「最近、悩み事でもあるの？　大丈夫？」

「こういう感じの服着たら絶対似合うよー」

なんじゃこれバカみたい、と思うかもしれないけど、効果があるんですよ。

愛とは、
パンツのゴムを直すこと。

パンツのゴムやスウェットのズボンのゴムが
ひっくり返ってたり、ねじれていたら見て見ぬ振りはせずに直してあげる。
見て見ぬ振りをしようと思えばできることを
誰も見ていないのに、愛情込めて直す。
おでんや煮物の大根の「面取り」だってそう。
面倒な作業の割に、別にしなくても食べられるし、誰も困らない。
気づいてもらえることも、褒められることもない。
でも、やれば、煮崩れが防げたり、味の染みが早かったり、
少しだけいいものができる。
ほんの一手間の、小さな愛情。
そういうことの繰り返しが、いつか自分にも大きな愛となって返ってくる。

「妻の顔」は「特別な顔」。

日々の生活でいろんなものが置き去りになって
いろんなものがないまぜになってしまったとしても
「妻の顔」が「生活の顔」だけであってはいけない。
「妻の顔」は、「仕事の顔」や「友達といるときの顔」とは変えたいし、
「母の顔」と「妻の顔」が同じになるのもよくない。

結婚するまで美しくある努力をしていたのなら
安らぎに甘えてそれを完全に放棄するのはよくない。
気を遣わないから、楽だから、といって
なんでも見せればいいわけではない。
いつまでも「妻の顔は特別」であることを、頑張ること。

column

夫婦喧嘩の反省会

今でこそ喧嘩の少ない夫婦になった私たちだが、結婚した当初はよく夫婦喧嘩をした。もう理由も覚えていないようなことで言い合い、引っ込みがつかず「もう別れる！」「家出する！」と言ったこともしばしば。

そういう破壊的なことを言うのはいつも私の方だった。ドラマのように「実家に帰る！」と言い捨て、荷造りをしたこともあった。未遂が多いが。

反対に夫は、言い合いになると途中で黙ってしまうタイプ。私が持論を展開し「そっちはどう思ってるん？」と詰め寄ると、「うーん……」と、黙り込むのだ。これが長い。え？　時が止まってしまったのかな？と錯覚するほど長い。怒りでイライラしているので余計に長く感じ、「なんで黙ってるん？」と聞いても「……今考えてる」と、言って一点を見つめたまま、また時間だけが過ぎて行く。これまた、え？

宇宙に来ちゃった?とキョロキョロするくらい長い。

もはや元々の原因よりも、「難しいことは聞いてないのにすぐに答えてくれないこと」の方に怒りを覚え、最終的には最高にイライラして「ちょ、何でもいいから何か言ってよ! 何も考えてないってこと?」と、夫を責めてしまうことになる。

私としては、言い合うなら言い合うで、さっさとお互いの意見や主張を交換して、自分が悪いなら謝るし、相手が悪いなら謝ってもらって、はいスッキリ、終わり!というスタイルを望んでいた。お互い黙っているだけの無意味で無生産な時間が勿体無いと感じるので、そんなに長くは待てないのだ。しかし、これは「私だけの考え」。夫はどう考えているのか。

喧嘩中に聞いても、おそらく答えは返ってこないので、あるとき、仲直りした後に「私は、喧嘩中に黙られるのがすっごく嫌なんだけど、なんで黙るの?」と、聞いてみた。なんと夫は、何も考えていないわけではなかったのだ(そらそうや)。夫としても言いたいことはいろいろあるのだが、まず、話す前に一手二手先を考えるのだという。そのときに「これを言ったらこう言われて終わりだな」「かといって、これを言ったところでこう言われるだろう」と、いつも理詰めで責める私に全て言い返されてしまうのが見えてしまうと、もうしゃべりたくなくなるらしい。なんじゃそれ。一応言ってみたらいいのに……。でも、わからんでもない。よく考えたら、喧嘩の最中の私の「どう思う？」は、意見を聞く感じを装っているだけで、自分の中では「こうしたい！　こうしたらいいに決まっている！　私が合っている！」と思っていて「一応聞いているだけ」が多いのだ。結局、そこで夫が何か意見を言っても、「それは違うと思う」と否定してしまうかもしれない。いや、する！　する気満々かも。それがバレているだけ。だからしゃべりたくない。うーん、そうなのか。でも、それならそれでそう説明してくれたらいいのに。いや、それこそ「なによそれ！」と全否定されて終わりか。じゃあ何もしゃべりたくないよな。納得。

当初は、毎回黙られてしまう理由がわからず、本題とずれた部分で随分イライラさせられ、余計に怒りがこじれたものだったが、こうして聞いてみると、夫の謎の行動にもそういう意味があったのかとスッキリし、自分の言動や責め方にも大きな問題があることがわかった。そして、夫もまた、「黙られると嫌なんだな」「黙っていても何を考えているかは全く伝わらないし前に進まないんだな」ということを知ってくれたので、次からは、意見が対立しても、お互いに今までのようには責めず黙らず、冷静に意見交換ができるようになった。

こうして、喧嘩をして仲直りをする度に、「私は今回のあれが嫌だった」「俺はあの言い方が嫌だった」「そういえば、なんであんなん言うたん？」「あれは間違えただけ」と、笑いを交えて話し合う、「夫婦喧嘩の反省会」をするようになった私たち。回を重ねるごとに謎は一つ一つ解明され、その度にお互い驚きと反省をもって悪い部分を改善してきた。それを続けた結果、相手の怒りのポイントがわかり、自分の言い方に気をつけるようになったので、夫婦喧嘩は最小限の規模と時間で開催されるようになり、喧嘩になりそうになった時点で早めに方向転換して回避できるようにもなってきた。

言い争いや喧嘩にならない。

これだけで、大きなストレスが減り、結婚生活が随分楽になったように思う。

夫婦といえど、なんでもわかり合えているわけでもなかったのだ。他人なのだから当たり前のことだが、長い共同生活の中で、つい「わかっている気」「わかってくれているだろう」と決めつけてしまって、見落としがちな部分だ。

喧嘩のときの態度に限らず、お互いの「なぜそんなことをするのか」は、話を聞いてみないとわからないことばかり。自分の中で勝手に答えを出さずに、素直になれる良いタイミングで話し合うしかないのだ。

第2章 夫婦が忘れてはいけないこと

夫婦にとって大事なこと。
大事にしないといけないこと。
二人が、失くさないように大切にしてきたこと。
最初はたくさんあったはず。
だけど、だんだん時間が経つにつれ
忘れてしまうこともある。
忙しく雑多な日々の生活の中に紛れてしまって
たまに見失ってしまうこともある。
当たり前にそこにあるので、
見えなくなってしまうことも。

でも、決して忘れてはいけないこともある。

大事なのは
越えてはいけない線よりも、
少し手前にある線。

実は踏まないように気をつけるべきは、越えてはいけない線ではない。
もっと手前のわかりにくい線なのだ。
「越えてはいけない線」というのは、「越えてはいけない」のだ。
越えてしまったら終わりだから、「越えてはいけない線」なのだ。
もし「越えてはいけない線」を、うっかり越えてしまって、
許されたとしても、「越えてしまった事実」は心に一生残る。
モノは、捨ててしまえば、目の前から消える。
だけど、心に残ったものは、捨てたくてもどこにも捨てられない。
だから、「越えてはいけない線」というのは、「越えてはいけない」のだ。
それより少し手前にある「おっと！ これを踏んだら要注意！
越えてはいけない線に接近中だよ線」をいかにして踏まないか。

相手の「その線」がまず、どんなもので、どこにあるのか。
その見極めが非常に重要になってくる。
それは、相手をちゃんと見るということ。相手の話をちゃんと聞くこと。
どれだけ相手を大切にしているか、ということ。

第２章
夫婦が忘れてはいけないこと

妻は張るな、「欲」と「食い意地」。
夫は張るな、「虚勢」と「見栄」。

欲張りで、食い意地が張っている妻は、我慢がきかないから生活が破綻しやすい。
虚勢と見栄ばかり張る夫は、プライドが高くてキレやすい。
賭け事に全財産を張る夫や、妻や子どもの顔を平気で張るような夫は問題外。
幸せな家庭を築けるのは、
自分の身の丈を知り、自分に合った生活を大切にして
相手と一緒に毎日を楽しめる人。
幸せというのは、大地にしっかりと根を張り、胸を張って生きる、
そんな普通の日々にこそ、盛りだくさんにある。

「ごめんね」の気持ちを
拒否しないこと。

「ごめんね」は、ある程度の勇気と決意をもって使う言葉。
「もう遅い」「どうせ思ってないでしょう」「今更何?」
などで返すと、それ以上前に進まない。
謝罪の気持ちを拒否すると、思った以上に大きな溝ができる。
遅くても今更でも、まだ許したくない気分でも
相手から謝ってきたなら、拒否しないで素直に受け入れ
一回「ごめんね」を飲み込んでみよう。

見える部分の維持より、
見えない部分の維持が大事。

見た目は、変わるのが早い。
見た目が変わるのはお互い様。仕方ない。
だから好きなところが「見た目だけ」だと、結婚生活後半キツイ。
しかも見た目の維持は、大変。
歳を重ねれば重ねるほど、お金と努力と時間が必要。
一方で、いろんなことを忘れずにいれば、
中身はそんなに変わらずにいることができるはず。

相手が、自分を好きになってくれたところは
どこだっただろう。
相手のこういうところが、すごく好きだと思った。
それは、どこだっただろう。
好きなところがあったから、優しくなれたはず。
お互いに優しかったはず。

どうか忘れずに。
たまには思い出して、出来るだけそこを維持し合うこと。
見た目ばかり維持しようと必死になりがちだけど、
いつまでも変わらない心を持つことが大事。
そのためには、
自分が相手のためにやることが、
生活の流れの中の「ただの行動」にならないように
気をつけること。
相手のために、
愛情を込めてやることを見失わないこと。
相手が自分のためにしてくれたことを
大切にすること。

心は見えないから、
気づくのも、維持するのも難しい。
だけど、日々思い出すこと、忘れないことで
保つことができる気持ちがある。

相手がやってくれること全てを、当たり前だと思わないこと。
相手の存在を当たり前にしないこと。

何か行動するときは自分だけじゃなく、二人の幸せを考えること。

「最初の人」なんて
重要じゃない。
一番大事なのは、
「最後の人」。

「最初の人が誰か」が、やけに重要視されるのは乙女の時期だけ。
晩年になれば、本当に大事なのは最後の人だと気づく。
長い人生の後半を、誰とどんな風に過ごしたいか。
今、目の前にいる夫と、にこやかに楽しく最後までの日々を送れるかどうかは
結婚してから積み重ねていく、なんでもない日々にかかっている。
なんでもない日々を、いかに、にこやかに楽しく過ごせるかにかかっている。
だから、今日や明日は、なんでもない日々ではなく
いつかのための大切な夫婦の時間。
たとえ老いても、たとえ病んでも、最後の人を、心から労われるように
最後の人に、心から大切に想われるように、毎日を生きよう。

いろいろ絡まって、いろいろ混ざって、
見え辛くなっちゃうときもある。
この二人を繋ぐ紐、
元を辿って辿って辿って辿れば、
恋から始まっていること。

恋愛をして結婚したのなら、二人の頭上に常に掲げておきたい。
「互いに恋した結果、今があります」
もし腹が立ったら、一回それを見上げよう。
付き合いだした頃の気持ち、会いたかった気持ち、ウキウキドキドキ。
それは、どこにも行っていない。
忘れているだけで、消えていない。
ちゃんと見つめたら、実はいつもそこにあります。

片方が倒れたら片方が立て。
片方が笑えば一緒に笑え。

共に歩く道の上で
夫婦の片方が倒れたときに、一緒に倒れてはいけない。
相手がもう一度起き上がることができるまでは、
意地でも踏ん張って、待つ。
手を貸して、踏ん張って、立たせる。
でも、夫婦の片方が笑ったときは、共に笑いたい。

夫婦の「意地張り合戦」ほど、
不毛な戦はない。

あっちが先にあんなこと言ったから。
そっちが先にあんなことしたから。
自分は悪くないから、謝らない。
小ーーーさなことから始まる、意地の張り合い。

どちらが先に話しかける？　どちらが先に謝る？
どちらが先に笑う？　どちらが先に挨拶する？
こうなるともう「動いた方が負け！」の地獄のゲーム。
どちらも切り替えが早くて、数日後には元どおり！ならいいが、
意地を張り合って無言でいるうちに、それが普通になっていくこともある。

「おはよう」も「行ってきます」も「行ってらっしゃい」もない、
「ごめん」も「ありがとう」もない、
言ったら負け！の、長い長い不毛の戦。

やがて会話はなくなって、目を合わせずに一日八秒ほど業務連絡を話すだけ。
そうなる前に、どちらかが早めに折れたら楽になる。
相手が好きなテレビ番組をつけて
「始まるよー見ないのー?」とソファを叩いてもいいし、
洗面所ですれ違うときにわざとぶつかっていってもいい。
もし、相手が「フン」と無視したなら、
バカにせずに笑って。
相手が思わず笑ってしまうまで、
きっかけを作ってあげよう。
「負けたフリ」は夫婦にとって重要な平和のボール。
もし相手がそのボールを投げてきたときは、
「フン」と無視せず、しっかり受け止めよう。
絶対に自分が正しい!と思うことでも、
ときには自分から折れた方が楽になることもある。

折れないまでも、
しなやかに曲がってみるくらいはしてもいい。

本当に大切なのは、
意地を張り通すことではない。
二人の生活を、つまらないものにしないこと。
だから、さっさと仲良くなって
お茶しながら喧嘩を振り返り、笑い合った方がいい。
意地の張り合いは、
ただただ、日常をつまらなくするだけ。
結婚生活をつまらないものにするだけ。

せっかく結婚したんだから、おはようおやすみ行ってらっしゃい！と、
毎日、お互い気持ちよく生活しよう。

結婚生活のハンドルは一つ。
得意な道で、
どちらかが握ればいい。

どんな平坦な道でも、一つしかないハンドルを二人が同時に握ってしまうと
フラフラ、ヨロヨロ、うまく走れない。
一つのゲームコントローラーを二人で持って、
一人がジャンプ、一人が十字キーで走っても、だんだんタイミングがずれて
うまくコインを取ったり、キノコを踏み潰したりできず、気づけば谷の底……
人には、一人一人のペースやタイミングがあるからだ。
夫婦という他人同士が一つの家庭を作り、一緒に進むのだから、
ずっとペースが合う訳がない。
どんな道で、どちらがハンドルを握れば、一番うまく走れるのか。
二人で話し合い、信じ合い、頼り合って、まっすぐ走る方法を見つければいい。
しんどいときには交代して、時には二人で休憩してもいい。
そしてまた、得意な道を、どちらかがハンドルを握って行けばいい。

家庭円満は、夫婦円満についてくる。

いくら子どもには優しく、夫婦喧嘩がない家庭でも、
夫婦の仲が本当に良くなければ、
本当の家庭円満ではない。
装っているだけの家庭円満は、もろく崩れやすいので
何かのきっかけですぐに大きなヒビが入る。
あたたかい家庭を築きたいなら、
まずはあたたかい夫婦になること。
夫婦円満が先にあれば、家庭円満は勝手についてくる。

column

「実家に帰る」未遂事件

私のはじめての「実家に帰る！」は、未遂に終わっている。

なぜかというと、予想外のことが起こったからだ。


必要以上に大きな音を立ててドアを閉めた。

「用意するから入ってこんといて！」

クローゼットを開け、これまた必要以上に乱暴にバッグを引っ張り出してベッドに放り投げる。そう、ドラマや映画で見たこれ！　家出っぽい！　うん、こんな感じ！　バッグの口を大きく開ける。自分が持っている中で一番大きなやつだ。これなら数日、いや、洗濯できて着回しの工夫によっては数週間家出が可能なんじゃないか。え？　そんなに家出するの私？

……まぁ、とりあえず、出てから考えたらいいか、夫もすぐに謝ってくるかもしれないし。なんなら、引き止められて出ていけないかもな。しかし、そうはさせんぞ。今日という今日は、振り切ってでも、出て行くのだ！　さあ、服だ、服を詰めるのだ！

どこに泊まろうかな、ホテルにでも泊まってやろうか。ちょっとくらいなら、金はあるんじゃ。いいホテルに泊まっていい中華でも食べてやろうかいな。そうや、そしたら幼馴染の友達も呼んで……。

もはや、ただのお泊まり女子会のプランをOZ mallか一休・comあたりで検索する気満々。だんだんウキウキしながらいそいそと服を詰める。順調だった。順調に家出に向かって準備が整って行く。

あとは……下着！　クローゼットの中には、二段の幅広の木のチェストを入れていて、そこの下の段に下着や靴下、ストッキングの予備を入れていた。いつものようにかがんで引き出しを開け、下着を取り出していると、いくつか積み上げていたストッキングの予備の束が、スッと滑って崩れた。あの、長方形の厚紙に張り付いていて、きれいな足の写真つきの、コンビニとかで売っているごく普通の新品のストッキング。フィルムに包まれているため、積み上げるとお互い滑ってしまうのだが、ついつい靴下の山の上に積み上げてしまっていたので、一番上に乗せていた新品ストッキングが、なんていうのかなあ、あの、引き出しを出した状態で引き出しの枠のへりを超えて、その裏側というか、暗い奥へと吸い込まれていってしまったのだ。ほら、そのまま引き出しを閉めると奥で「グシャア！」となる、あれ。そこに物が落ちて詰まると、閉まらないやつだ。

うわ、と思って、すぐに這いつくばって、引き出しの一番奥の隙間にグッと手を突っ込んだ。……届かない。奥まで滑っていってしまったようだ。もう少し奥、腕まで突っ込まないとこれは無理そう。引き出しのへりに擦れて擦りむきそうになりつつも、ググッと無理して腕を押し込むと、指先が新品ストッキングの角に触れた。もう少し。

しかし、引き出しが自分の腕で引っかかっているので、隙間が狭すぎて、それ以上腕が奥に入らない。覚悟を決めて、体をグッと伸ばし、顔を左に背けながら腕だけを右に精一杯入れる。同時に引き出しに体重をかけて奥に押し込み、隙間を少しでも大きくしてからさらに腕を突っ込む。しかし奥へ腕を伸ばせば伸ばすほど、変な方向に曲がらない腕がメキメキと折れそうになる。キチキチで血管切れそう。もう限界、というときに、指先が少しストッキングに触れ、わずかずつだが動かすことができ、なんとか掴めそうな距離に引き寄せることができた。震える人差し指と中指の先で、そうっとストッキングを挟み、ゆっくり上に持ち上げて腕を引き抜く準備に入る。もう少しだ。がんばれ。しかし、あまりにもしんどい体勢故、押していた力が緩んだのか、引き出しが押し戻って隙間が狭く戻り、腕が抜けない。再度、引き出しを押そうにもこの体勢では力が入らない。え？　どういうこと？　動かない！　顔は床に着かんばかりに下を向き、体はうずくまって丸まった状態で片腕だけが背中に反り返って奥へ飲み込まれて固定されてしまったのだ。よく、アニメや漫画でスリが逃げていると、偶然そこに気の強い合気道なんか習ってる女の子が通りかかって被害者の「泥棒！　誰か！」という声を聞きスリを掴んで「待ちなさい！　えい！」と転ばされたあげくに背中に腕を回され、逆さに曲げられてキメられているような状態だ。あれだあれ。思わず、「いててて！」とコソ泥のような情けない声が出た。しかし誰も助けは来ない。だって、数分前に私自身が必要以上の勢いで「バン！」とドアを閉め「入ってこんとってな！」と拒絶したのだから。

そう、忘れてしまいそうだったが、夫婦喧嘩の途中だった。

やばい。ビクともしない。大声を出せば夫は来てくれるだろが、あんな大見得切った後にこんな情けない姿をさらしてしまうのはさすがに避けたい。やばい。じゃあ、しばらくこのまま？……え？　無理！　痛いし！　もし、取れなくて夫が一生入ってこなかったら？　私、このコソ泥ポーズで餓死するんじゃない？　それだけは絶対避けたい……。

どれくらいの時間そうしていただろうか。そのときは突然やってきた。

ガチャリ。

「何してんの」

「（そのままの体勢で下から睨み）別に？」

なんでー!?　なんで「別に」とか言っちゃった!?　だって急すぎるねんもん！

思わず強がってもうたー！　これはやばい！と、心の中で激しく後悔しながらも、
一度強がってしまったのでもう後には引けず、コソ泥スタイルで会話は進んでいった。

夫は、出て行くと言ったことを怒っているようで、どうやら向こうの部屋で待ち構えていたが一向に私が出てこないのでさすがにおかしいと思い入ってきたようだ。

「……出ていくんちゃうの」

「行くし」

「……いつ行くん」

「すぐ行くから」

「ふーん……？　何してんの？」

「何も？」

「なんか奥に落ちたん？」

「まあ」

「取れへんの？」

「取れた」

「動かれへんの？」

「別に」


「挟まったん？」

「……」


「タンスに挟まって動かれへんの？」

「……まあ」

「まあ？」

後半になるにつれ、我慢できないのだろう、完全に半笑いの夫を睨みつつ、精一杯の強がりを言ってみたがもう誤魔化すのは無理だった。正直に、パンストが落ちたから拾おうと手を入れたら取れなくなったことを、まだ少々強がりながら告白する。

夫は、「大丈夫か」の後に、少し考えて、なんと私にこう言った。

「あれちゃう？　奥で手に握ってるもの離したら腕が抜けるんちゃう？」

おいおい、それは昔話で強欲な猿が壺に入ってる木の実かなんかを取ろうとするが拳を握ったままなので手が抜けずに苦しんで「あっそっか！　握ってるからやん！」と気づく昔話や！　一緒にすな！　わしゃ猿か！

「握ってない！　離してる！」

「そうなんや……」

30分後。

「いだだだだっ‼」

結局、私の半泣きの悲鳴とともに引っこ抜かれた。長時間変な体勢でいたので身体中が痛かった。めちゃくちゃ恥ずかしかったが、めちゃくちゃ助かった。あー、餓死しなくてよかった‼ 夫に感謝した。やっぱ結婚してよかった！


こうして私のはじめての家出は、未遂に終わった。


この「実家に帰る未遂（壺と猿）事件」は、すぐに夫婦間の笑い話になり、今まで何度もこの事件のおかげで楽しい時間を過ごした。こうやってなんでも、笑い飛ばせる二人であることは大事なこと。

怒りも恥も、いつか二人共通の笑いになる。たいがいのことはそれで乗り越えられる。

第3章 家に帰るのが大好きな夫婦になるために

土砂降りの日も、大きな雷の日も
灼熱の太陽が身を焦がす日も。
家に帰れば安心、安全。
時には疲れた体をただ癒す場所として、
時には逃げ帰る避難場所として。
どれほど辛い日も、しんどい日も、
たどり着ければもう安心。
夫婦がそう思えるような家。
聞こえるだけでホッとして
嬉しくなった「おかえり」が、
いつの間にか当たり前になり、
いつの日か消えないように。

帰ってきた人を迎える朗らかな声が
いつまでも響き渡る家でありたい。

「いってらっしゃい」と「おかえりなさい」を大切に。

「いってらっしゃい」と「おかえりなさい」は、
家庭円満の重要な柱。
夫婦にとって一番大事なやりとりかもしれない。

旦那さんの送り出しと迎え入れは、
毎日、毎回、大切にして、
どんなときもないがしろにしてはいけない。

「いってらっしゃい」「おかえりなさい」だけでも、
毎日笑顔で朗らかに言うことができたら
夫婦関係は悪くならない。

妻がこの言葉を大切にしていると、夫は家が好きになる。
夫が家を好きになると、毎日早く帰ってくる。

夫がいつも早く帰ってくると、
家庭の空気は循環して円満になる。
夫が意味もなく帰宅が遅いと、
家庭に不穏な空気が流れ
失望や疑いから生まれる妻の「ため息」で空気が淀む。
そんなときに口から出る「いってらっしゃい」「おかえりなさい」は
聞き心地の悪いただの言葉でしかない。
それが繰り返されると、夫は家に帰るのが嫌いになり、悪循環が生じる。

腹が立っていても忙しくても、
そのときだけの気分で言わないこと。
目も合わせず、何かのついでに言わないこと。

いつかの自分の幸せのために、家庭の幸せのために
目を見て、心を込めて、
大切な言葉として口に出そう。

「いってらっしゃい」と
「おかえりなさい」には、
口に出さない
隠しワードを添える。

ただの「いってらっしゃい」
ただの「おかえりなさい」ではなく、
その言葉にどんな気持ちを添えているか。
どんな隠しワードを添えているかによって、
その言葉を言う顔や声は全然違う。

「(今日も頑張ってね) いってらっしゃい」
「(早く掃除機かけたいんだよね) いってらっしゃい」
「(今日もお疲れ様でした) おかえりなさい (ゆっくり休んでね)」
「(あー早く寝たい) おかえりなさい」

気持ちを乗せると、同じ言葉でも全く違う印象になるはず。
声に出すのもいいけれど、言葉に込めるのが重要。

「いってらっしゃい」には
「今日も一日頑張ってね。健康でいてくれてありがとう」という感謝を、
「おかえりなさい」には
「今日も一日お疲れ様。無事に帰ってきてくれてありがとう」という感謝を
いつも添えること。

第３章
家に帰るのが大好きな夫婦になるために

夫は、「おかえりなさい」で
妻の一日がだいたいわかる。

今日はしんどかったなーという日。
誰にだって、ある！
夫は妻の「おかえり」のニュアンスで妻の一日や機嫌がだいたいわかる。
「あー、今日大変だったんだろうな」
話を聞いてあげようと思ってくれるはず。
しかしだからといって、しょっちゅう目も合わせずにボソッと
「おかえり……」と言われたら、
疲れ切った声で背中を向けたまま「ただいま……」と言いたくなるかも。
こうなると、互いにしんどさが増すだけ。
そしてまたその苛立たしさから
「ただいま」を言い終わるや否や子どもを振り返り
「ほんと何回言ったらわかるの!?」と怒鳴ってばかりでは
家族みんなの「しんどい」が増えて、家庭の空気は重く沈むだけ。

「もう〜！　今日一日怒られてばっかじゃん！」

途中から、もはや子どもを叱っているのではなく、夫への「私は今日こんなにしんどかったんだよ」アピールになっているなら思い切って気持ちを切り替えて楽しい家庭にする努力をしよう。

夫や家族は、自分の一番の理解者だからといって、なんでもかんでもぶつけていい存在ではない。

しんどかったのなら、朗らかに迎え入れて夫に休んでもらってから素直に「今日はとてもしんどかった」と言えばいい。

もしかしたら、夫はもっとしんどい一日だったかもしれない。

頭の中が「自分のことばかり」にならないように。

必ず「そちらはどうだった？」と聞くこと。

互いに話を聞いて、同意し合って慰め合って、嫌なことを半分にするのだ。

たとえ、どんなにしんどい一日だったとしても
家に帰ったときに、笑顔と弾む声で
「おかえり！　今日もお疲れ様〜」と迎え入れられたら少し救われるように、
たとえ、どんなにしんどい一日だったとしても
家に帰ってきたときに、笑顔と弾む声で
「ただいま！　今日もお疲れ様〜」と入ってきてくれたら少し救われる。
そうやってお互いに、少しずつ持ち上げていけば沈むことはない。
「ここが安心できる場所だよ」
「ここでは戦わずにゆっくりしていいんだよ」
「ここがあなたの居場所だよ」
そう言われているようで夫がホッとするような
「おかえり」を言えるかどうかは妻次第。

業務連絡も
立派な夫婦の会話。

「今から帰る」
「帰りに牛乳買ってきて」

業務連絡でもいい。
夫婦に会話がないよりは
業務連絡であったとしても、ある方が絶対にいい。
だけど、「それだけ」にならないように。
小さな努力はしたほうがいい。

口頭であろうと、メールであろうと
文頭や文末に一言つけるだけで、夫婦の会話は大きく変わる。
前に「お疲れ様」とつけるだけで、
後に「ね」と一文字つけるだけで、
読む方の気持ちが変わる。

たった一文字のことだけど、
「夫婦」を気持ちよく長く続けるには、
小さな小さな、一見気づかないような
「ミクロ思いやり」を、
日々の生活や会話の中に、どれだけ散りばめられるかが重要。

もしも今夫婦に会話が足りないのなら
最初はそんな小さなことから少しずつ増やして
次は言葉を増やして、
会話を作ればいい。

自分が嬉しいことは、さりげなく相手にしてみること。

目には見えないミクロの積み重ねは、
いつか大きな幸せとなって返ってくる。

一緒でも別々でいい。
だけど、別々でも、一緒がいい。

一緒の空間にいるからといって、同じことをしなくてもいい。
別々のことをしていてもいい。
それでも居心地がいいなら何より。
互いに、互いの時間を大切にすること。
互いのプライベートを尊重することは、夫婦でいるために大切なこと。
だけど、どれだけ別々のことをしていても、別々のものを見ていても、
一緒にいる時間も必要。
目を見て、話す。目を見て、笑い合う。そんな時間はとても大切。

味の好み、家具の趣味、笑いのツボ。
似ている部分は、
「夫婦だから当たり前」ではなく、
相手が合わせてくれているのかもしれない。

なんでも当然だと思ったときから、価値が低くなる。
幸せも同じ。当然だと思ったら、気づかない。存在が薄くなる。
不幸せの存在感ばかりに気を取られていては、幸せになれない。
幸せも不幸も変わらない数があるのに、
どちらによく目を向けるかで全く逆の人生になる。
今まで当然だと思っていたこと、気にもしなかったことを
「もしかしたら、これは誰かの努力や、
我慢によってここにあるものかもしれない」
そんな考えを持ったときから、幸せは増えていく。
感謝が増えると、人生が輝き出す。

お互いにとって、

「早く帰りたい家」

であること。

妻として、仕事や買い物や用事が終わったら、
一刻も早く帰りたい家であるか。
仕事が終わった夫が、飲みに行った夫が、
一刻も早く帰りたい家であるか。
完璧でなくてもいいけど、家はある程度片付いているか。清潔であるか。
完璧でなくてもいい、相手を想って用意した食事があるか。
家の中に、安らぐ時間は流れているか。家庭のぬくもりはあるか。
会話はあるか。笑いはあるか。「お疲れ様」や「ありがとう」はあるか。
小さくてもいい。家に帰ればそこに幸せはあるだろうか。
結婚したら一刻も早く、「一刻も早く帰りたい家」を二人で作ること。
そして、一番大切なことは、
できる限り長く、できたら最後までその状態を維持すること。
そのためには、お互い努力と協力が必要。

一緒に歳を重ねられることを、
一緒に喜ぶこと。
自分だけではなく、
相手が健康であることに、
感謝すること。

歳をとるたび、それだけ長く一緒にいたことを喜ぼう。
人間が毎年、健康に歳をとることは当たり前ではない。
老いていくということは、決して悲しみではない。
年々、益々、喜ばしい出来事なはず。
共に老いていくことを喜び、楽しみを見つけ、相手の健康に感謝しよう。
「当たり前」のものなんて、ひとつもない。

夫婦円満の秘訣は、
いかに「我慢するか」ではなく、
いかに、「我慢することを減らす」か。

よく「結婚生活は我慢の連続」というが、
我慢ばかりでは、決して長続きはしない。
うまくいけば、どちらかが死ぬまで続く、結婚生活。
一緒に長くいるためには、
お互い、「いかに小さな我慢を減らせるか」が大切。
そのためには、冷静に穏便に
ちょっと我慢していることを相手にうまく伝えること。
自分さえ我慢すればうまくいく、などという、
破滅に向かうだけの悲しい思い込みで生まれる
「結婚の犠牲者」は、一人も出してはいけない。
「我慢」は小さなうちだと処理しやすい。

column

両親の変な夫婦関係

夫婦を考えるとき、どんな在り方が幸せで、どんな在り方が不幸せなのか、時々わからなくなる。

夫婦の関係について考えていると必ず、私にとって最も身近な夫婦、両親のことが頭によぎるからだ。

父と母は、仲が良いのか悪いのかわからない、変な夫婦だった。

年の差は11歳。年下の母は言葉や行動にユーモアがあり、娘の私から見てもチャーミングな女性。快活でおしゃべりで、人付き合いがとっても得意。誰にでも気兼ねなく話しかけ、長く会話を続けることができ、友人も多い。

しかし、思ったことをすぐに口にするところがあり、カッとなると「そこまで言う必要ある？」ということを、全くセーブせずに豪速球で投げてくるので、父も私も度々必要以上に傷つけられることがあった。

反対に、昭和5年生まれの父は、京都の歴史ある家の子が、高めのプライドを持ったまま大人になって、自分の考えは人に言われて曲げる気がないどころか逆に反り返ってやるわ、という感じの人。人に良く見られたいという気持ちを持ち合わせていないのか、誰にも媚びず、黙って我が道を行く。いまいち何を考えているのかわからない偏屈人間。こだわりなのか、休日であっても、体にぴったり作ったオーダーメイドの背広をパリッと着てオールバックで出かけるので、我が家のアルバムをめくると、海や山や遊園地で、背広オールバックで無表情に直立するシュールな父が並ぶ。年が離れていることもあり、たとえ母がキーキー怒っていてもそこまで本気で取り合わず、若干見下しているようにも取れる態度で聞くことが多く、いつもそれが余計に母の怒りを加速させていっているように見えた。

二人は、たいてい仲が良かった。週末には、父が家族を外食かドライブか小旅行のどれかに連れて行ってくれたし、会社の宴会やパーティー、社員旅行には必ず母を同伴し、どこでも家族ぐるみでオープンに交流していた。おかげで母も、父の仕事場の様子や人間関係を熟知でき、いろいろ共通の話もできた上に、二人ともお酒が好きなので、家で晩酌しながら夫婦の時間を持っていた。口数の少ない父でも、母とはよくしゃべり、時々声を出して笑い合う声も聞こえてきた。

父が定年退職してからは、夫婦で同じ仕事をしていた時期もあり、文字通り四六時中一緒にいたし、二人だけで海外旅行に行き、休みのたびに父の運転で四国の巡礼に出かけていた。

しかし二人は、時々、猛烈に仲が悪かった。もともと性格も真逆で、考え方も合わない。良いように言えば、全く違う者同士、お互いの持っていない部分を補完し合っているような関係にも見えたが、少しでもそれが悪い方にズレると、驚くほどささいなことから大喧嘩になる。

ドライブに行けば、道を間違えたとか、そんなささいなことで喧嘩が始まり、食事に行っても旅行に行ってもだいたい喧嘩、もちろん家でも。小さい頃は、朝から母の金切り声で起きることもあったし、夜中に言い争う声が聞こえて、泣きながら起きて止めに入ったこともある。

喧嘩が始まると、どちらも頑固なので絶対に自分からは折れず、相手の言葉を遮っては自分の主張を繰り返す。大きな声を出した方が勝ちだと言わんばかりに声を張り上げて否定する。最初の原因よりも、もはやそのやり取りの腹立たしさに、お互いさらに怒り出す。こうなると、最終的にはどちらも必ず相手に勝とうするので、必要以上に強い言葉や大きな声で攻撃し合う。もうあとは売り言葉に買い言葉の雪だるま。小さかった雪玉を二人でせっせと転がし、坂道を転がるようにみるみる加速して大きくし、ともに谷底に落ちるまで転がり続けるのだ。そうして最後には必ず「離婚」という言葉が飛び交う大喧嘩に発展していくのが、いつものパターンだった。

今でこそ、こうして冷静に分析できるが、幼い頃からずっとその両親の間に挟まれていた私にとっては「いつか大好きなパパとママのどちらかが、どこかに行ってしまうんじゃないか」という不安に、家にいてもいつ喧嘩が起こるかとビクビクして気が休まらない時期が、記憶のある4歳頃から中学生まで続いた。

喧嘩をしているときの父と母に普段の優しさは微塵もなく、二人とも目が三角になって、とても怖かった。二人は、私が止めるのも御構い無しに、全く遠慮のないむき出しのひどい言葉で長い時間詰り合った。言葉の意味はあまりわからなかったが、全ての言葉が敵意と悪意に満ちていることはわかった。二人の大声を聞いていると、だんだん小さな胸が早鐘のように鳴り、冷たい鉛を延々喉に押し込まれていくように息が苦しくなる。胸の底が冷え、重く痛くなって、鼓動はさらに速くなり、体が千切れる、と本気で思っていた。その時間が嫌で嫌で、いつもそんな両親の声が聞こえてくると両耳を強く押さえ、声を押し殺して布団で泣いていた。

幼いながらに、「結婚っていうのは大好きな二人がするはずじゃないのか」「なんでこんなに仲の悪い二人が結婚したのか」という疑問を持った。

ところが、不思議なことに、この夫婦にはまるで体のどこかにリセットボタンがついているかのように、どれだけ喧嘩をしても翌日になるとケロッと普通に戻っていることが多いのだ。これは当時の私にとって、全く理解ができない現象だった。私は、昨夜の激しい離婚騒ぎの声を生々しくハッキリと覚えていて、思い出しただけでまだ心臓がドキドキするのに、当事者の二人はまるで中身だけ別人にすり替わったかのように、普段通りの朝を過ごしている。

母はいつも通り、手際良くシャケと、ネギ入りのだし巻き卵を焼き、味噌汁を作り、父の好きなキュウリのぬか漬けがなければ、わざわざ自転車で市場に買いに行く。父は母が作った朝食を黙って食べ、仕事へ行く。

まだまだ小さな子どもだった私は、両親の態度が日常に戻っていることに何よりホッとしたが、なんだか自分だけが、違う世界に来てしまったような気持ち悪さを感じたものだった。

「ママ、嫌やー、お願い、パパとリコンせんといて」

涙ながらに言う私に、母はいつも優しい声でこんなことを言った。

「かわいそうに……。ごめんね。大丈夫やよ、パパもママも離婚なんて本気で思ってないからね。どこのおうちも夫婦喧嘩はするんよ。仲良しやからするの、だから大丈夫」

私はいつも安心したかのように頷いていたが、私の心がこの言葉で救われたかというと、実は、ほんの少しも、一ミリだって救われなかった。

子どもにそんな、大人の本気か本気じゃないかのやり取りの見分けなどつくわけがなく、いくらそれを説明されたとしても、現実に、目の前で激しい言葉で罵り合う両親がはっきり見えるのだから、それはもうただの「本気」だし、「本当」なのだ。そんな言葉は全く意味がない。欲しい言葉はそうではなかった。

私はただ、「もう絶対喧嘩しないよ」そう言って欲しかっただけだ。せめて、私の前では、仲の良い両親でいて欲しかっただけ。

幼い子の涙の嘆願を、「それは無理。大人はそういうもの。でも、本気じゃないから安心しろ。理解しろ」と言うのは、親のエゴが過ぎる。

「ケンカするほど仲が良い」

これは、経験豊富な大人が、自分たちのことや、他人の夫婦喧嘩を揶揄するときに使えばいい。

幼い子どもには、その真意は絶対に理解できない。

どちらか選べないほど大好きな父と母には、喧嘩もせずただただ仲良くしていてほしいのだ。両親が、激しく言い争っているところなど一秒だって見たくはない。

もちろん喧嘩をしない夫婦などほぼ存在しないことは、今ではわかる。似たようなことは、どこの家庭にも少なからずあるだろう。うちだって、子どもの前で一度も喧嘩をしたことがないわけではない。

ただ、子どもがいる家庭は、夫婦喧嘩を日常的に子どもに見せてはいけない。子どもは、大丈夫そうに見えても、それは表面上なだけ。大人が都合良く大丈夫そうに思いたいだけで、決して大丈夫ではない。心は血まみれになっているかもしれない。

どんな時代でも、子どもというのは、親の前では平気なフリをして、内側は深く傷ついている。

大人になっていけば両親への理解は追いついてくるが、それでも辛かった「現実」は消えることがない。

ただ、喧嘩する理由も、わかる。

両親にとって夫婦喧嘩は、そこまで重大なことではなく、外でのストレスや夫婦でいることでたまに溜まるストレスを減らすガス抜きだっただけかもしれない。あの夫婦は、「夫婦」を継続していくためのそういうやり方がお互いに合っていたのかもしれないと、今なら思う。

うちの両親は、怒りに任せて必要以上に互いを責めていた。なんとか相手の致命傷になるようなダメージを喰らわそうと、ひどい言葉を思いつくがままにぶつけ合い、お互い傷だらけになっていた。

結局、今でもわからない。

二人は仲が良かったのか、悪かったのか。

しかし本当に仲が悪かったら、四国巡礼八十八ヶ所は回れんだろうと思う。

母は、78歳になった今、先立った父のことをよく話す。

不思議なことに、父の亡きあと、自分たちの結婚生活を振り返るときの母は一度も父のことを悪く言ったことがない。あれほど日々、父の愚痴や文句を聞かされてきた身からすると、これはさすがに腑に落ちないが、「悪いことは全部忘れたんよ」と母は言う。これまた都合がいい。

父が弱り出した頃から、母は毎日献身的に看病をしていた。デイサービスに通うことを拒否する頑固な父を、母が一人でお風呂に入れたり車椅子を押したりして介助していた。私はその頃、長女を身ごもり、切迫早産で入退院を繰り返していたため、何も手伝えなかった。

父が亡くなってから、母は父の話ばかりした。父の優しさを褒め、父と行った旅行の話をよくしていた。そして最後にはいつも、さみしくなって泣いてしまう。

「お父さんが亡くなったときに、75歳になったら迎えに来ていいからね、ってお願いしてんけど、まだ来うへんねぇ……」

仏壇に愛おしそうに話しかける母を見て、父は幸せだったのだろうか、と考える。きっと、とても幸せだっただろう。

母もまた、父と生きた人生は幸せだったと言うはずだ。

どの夫婦に、どんな在り方が合うのかはわからない。

きっと、夫婦の数だけ幸せの在り方はあるのだろう。

第4章 喧嘩をしない夫婦になるには

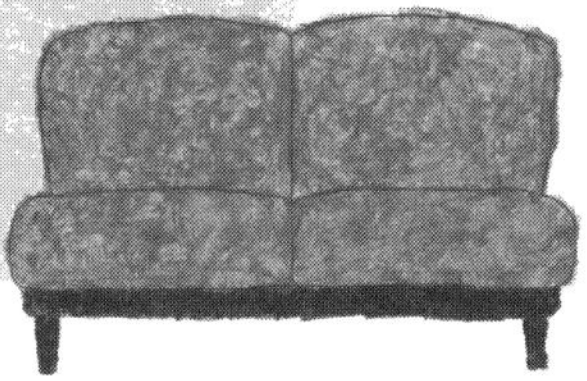

夫婦に喧嘩はつきもの。
喧嘩をしてお互いに言いたいことを
言い合ってこそ本物の夫婦になるのだ。
これは間違いではない。
本心を言い合うことは大切。
でも、喧嘩をしない夫婦はみんな、
実は本心で付き合えていない
仮面夫婦なのかというと
そうでもない。

年月を経て、
お互いの良いところも悪いところもよく知り、
いろんなことを二人で乗り越え、
相手に大きな思いやりを持てるようになれば
徐々に喧嘩も少なくなっていく。

「喧嘩をしなくなった夫婦」は
最強かもしれない。

「心配ごと」を排除すること。

まず、何より相手に心配させないこと。

これだけで喧嘩の原因が減る。

「どこにいるの？」「誰といるの？」「何してるの？」

「お金使い過ぎじゃない？」

「飲み過ぎじゃない？」

これらの心配がない、もしくは安心できる理由があれば
問いただすことが減る。

小さな信用を日々、積み重ねること。

裏切らないこと。嘘をつかないこと。

相手のためにも、自分のためにも
心配させないように生活することが大事。

ルールは決めすぎないこと。

家事分担。
帰宅時間。
家のルール。
あまり細かく決めてしまうと、お互いしんどい。
約束をちゃんと守れているかどうか、が大事になり
相手が守れなかったときに、大きな怒りになってしまうからだ。
特に、家事の分担は危険。
担当を決めると、
誰が何をするか、あまりにも細かく家事を分けて
自分の分は頑張ってやるけど、相手の分は意地でもやりたくない！
つい、こんな気持ちになってしまう。
でも、相手のやっていない分を放置しておくのもイライラする！

洗い物やゴミがたまるのは耐えられない！

そして結局、代わりにやって相手を責めることになる。

なんでやってないの？　なんで約束破るの？　なんで頑張らないの？

やるって決めたんじゃないの！　なんのために担当決めたの!?

私だって疲れてるのに頑張ってるんだよ！

言われた方は、責められたくないから、次からやるかもしれない。


しかし、これでは、せっかく作った「関係を良くするためのルール」がお互いを縛りつけ、監視して責めるための材料になってしまう。

「しなかったこと」ばかりに目がいって、「したこと」は当たり前になってしまうのは良くない。

細かい分担はイライラの回数を増やすだけ。

ある程度は決めてもいいが、基本は、できる人が、できるときにやる。

それでいい。

相手ができないときは、できる範囲でカバーする。
お互い、できなかったからといって落ち込まないし、責めない。
できなかったら、できるときに相手の分もやる、くらいがいい。

「ルールを守るため」に行動するのではなく、
「相手を思いやって」行動することが大切。
分担や約束は、互いを監視し合うためのものではない。
苦手なことを引き受けあって
相手の負担や心配、我慢をなるべく減らすためのもの。
思いやりと愛情で動けば
できたことを感謝し合って、褒め合うことができる。
それを実践できている夫婦こそが、
長く続けられる夫婦なのかもしれない。

自己満足と割り切ること。

「せっかくやってあげたのに」
そう思うと、全てに腹が立つ。
相手のために何かするなら、自己満足と割り切ること。
お互いに初めから「好きでやっている」ことを忘れない。
ただ、見返りや感謝をしてもらうためにやっているわけではなくても、
誰だって、あまりにも当たり前な態度で返されると嫌だ。
相手に、まったく感謝の気持ちがなければ素直に言ってもいいと思う。
ただし、そのときに必ず、自分はちゃんと感謝できているか
いつもの自分をふり返って考えること。

言葉の温度に
気をつけること。

第4章
喧嘩をしない夫婦になるには

「どいてよ（邪魔）」

「もういいから貸して（どうせできないんでしょ）」

「は？（バカじゃないの）」

声に出さなくても、言葉に込めた気持ちは
相手に聞こえている。
言葉に込めた冷たさは、相手に必ず伝わる。
自分の冷たい言葉や態度から、
お互いが少しずつ冷えていくこともある。
相手には、自分にも返して欲しい言葉や態度で接すること。

一人で生きていく
覚悟を持つこと。

決して、別れることを考えてのことではなく、
二人で支え合って生きていくため。
二人で幸せになるため。
夫婦はどんなときも支え合うもの。
いざというとき、相手を支えるには
一人でもしっかりと生きられる強さが必要。
互いに頼りすぎない、依存し合わない強さがあれば
どんな困難も二人で乗り越えられる。
一人になることを怖がらず
相手に言いたいことをちゃんと伝えるためにも
一人で生きていける覚悟は必要。
何より、自分の力でしっかりと地に足つけて立っている人は
自信があるから魅力的。

無駄喧嘩を回避すること。

お天気だって、日々変わるように
人間の心模様だって、多少の変化はあるもの。
なんだかウキウキする日もあれば
なんだか機嫌が悪い日、なんだかイライラする日、
人間だからあるんです。
夫婦には関係ない人間関係だったり仕事関係だったり
ホルモンだったり寝不足だったり、理由は様々だけど
なぜだかとにかく、「そんな気分の日」。
わざとではないから、当人はそんな自分に苦しんでいたりする。
でも止められない。自分だってあるから、わかるでしょう。
なんてことない会話なのに、やけに否定的だったり、
いつもより言い方が意地悪だったり、当たりが強いこともある。

そんなとき、そこにわざわざ「調子の良い方」が
合わせに行く必要はない。
そうなると無駄な夫婦喧嘩の勃発。
二人の生活をよりよくするための建設的な言い争いならいいけど
そうではない喧嘩は精神と体力の無駄。
ムカッとくるけど、なるべく
「今日はそんな日なんだな、苦しんでいるんだな」と流すこと。
喧嘩になりそうな雰囲気が立ち込め、雲行きが怪しくなったら
自分のためにも早めに会話を切り上げて、
黙って相手の背中でもさすってあげよう。
通り雨に濡れないように心に傘をさして
自分の好きなテレビや映画や雑誌を見たりしてたら
いつの間にか雨雲は過ぎ、お天道様が出てくる。

日々の無駄な喧嘩はいくらでも防げる。
もし自分のお天気が変な日は、
早めに「変な言い方してごめんね」と謝ること。

夫婦喧嘩は、買ったらダメ。
勝ったらダメ。

夫婦喧嘩を減らすのは、簡単。
「喧嘩にならないようにする」こと。
これは意識しないと無理。
機嫌が悪いだけの人とは喧嘩しない。
自分の言い方がまずいと気づいたなら、すぐ謝る。
相手が興奮しているときほど、冷静になる。
それでももし、喧嘩になってしまったら、勝とうとしない。
絶対にこの言い合いに勝ってやる、
やり込めてやる、という気持ちが強すぎると、
自分の中でそこだけが重要になってしまって
相手を傷つけたり、自分が傷つくまで
言わなくてもいいことを言ってしまうことになる。

絶対に自分が正しくても、言い方は悪かったかもしれない。
喧嘩になったら、自分の悪かったところと、
お互いが納得できる終わり方を考えること。

第４章
喧嘩をしない夫婦になるには

話を遮る。
話を遮って否定する。
話を聞くが、否定する。
他人や世間の意見と比べて否定する。
自分の考えを押し付ける。
ささいなことで大きく責める。
打ち負かすまで責める。

見下す。
バカにする。
これでは、毎日喧嘩。

全部、逆にしたい。

今日も平和だ。と、
思うこと。

またこんなところで寝てるよ。
あーあ、お腹出して、いびきかいちゃって。
今日も平和ですね。

そう思ったら、あんまり腹が立たない。
お腹を出して寝ていたっていいじゃんか。
多少のいびきならいいじゃんか。
寝てるってことは、
「眠れないほど大きな悩みがない」ということ。
いびきは生きてる証拠。
いいじゃんか。平和でよかった。

column

記念日のプレゼント

記念日を祝うことに、あまりこだわりはない。

もともと日にちを覚えることが苦手で、昔から「付き合った記念日」とか「初デート記念日」「初めて手を繋いだ記念日」「初めて口元のご飯粒取ってあげた記念日」など、いちいち覚えられず、誰かの誕生日を覚えるのだけで精一杯だった。

自分の誕生日も32回目くらいから、あまり興味がなくなってきたので、忘れられてなければ嬉しい。「おめでとう」さえ言ってくれたら十分。プレゼントをもらえたらもちろん嬉しいけど、覚えてくれているだけでも、心から感謝したいくらい嬉しい。

クリスマスは、もはや子どもたちだけのものというか、家族で楽しむ日だし、豪華な食事は、記念日に関わらず気持ちとお財布に余裕があればいつでもいいと思うので、何もない日に食卓を少し豪華にすることもある。

クリスマスと子どもたちの誕生日には、ご馳走とケーキでお祝いするが、私が自分の記念日にはそんなにこだわりはないことは夫も知っているので、毎年夫婦で何かプレゼントを贈り合うわけでもなく、ほしいものがもしあれば「じゃあこれ、誕生日のプレゼントね」「クリスマスプレゼントとして」と言ってから買うなど、流れでなんとなく贈り合うことが多いので、プレゼントに期待して待つということは特にない。

しかし、例外がある。

毎年6月30日。結婚記念日に必ず届けられる、夫からの花だ。

それだけは、今でも心待ちにしているし、これからもできることならずっと続けてほしい、唯一の結婚後の強い要望かもしれない。

2002年6月30日。結婚式の当日。

花嫁の控え室で私が見つめていたのは、白いバラと、八重に咲いた純白のトルコ桔梗、そこに星の形をしたサムシングブルーのかわいい花、ブルースターと、グリーンなどがあしらわれた小ぶりのブーケ。花屋さんに細かく相談して、私の好きな色でまとめたものだ。

ヘアメイクをしてもらったあと、ウエディングドレスを着て、母にもらった真珠の首飾りをつけた。肘まである純白の手袋をギュッとはめたその手でブーケを持つ。白いレースのヴェールで顔を隠してもらって、鏡の前に立つと、上から下まで純白の中、ブーケの部分だけが色鮮やかに映えた。

そんな、鏡の中のブーケを持った自分の花嫁姿を見たとき、「あぁ、私は結婚するんだ」という現実が突然胸に迫った。

それまでどことなくふわふわ浮かんでいた様々な思いが、一気に現実味を帯びて胸に集結したような気がした。それは、私の持つ、結婚に対する夢や希望やファンタジーの雲を一陣の風が吹き散らし、いよいよ「夫婦になる覚悟」が完了した瞬間だったのかもしれない。


私の希望で、夫とは、式場入りの後は一切会わずに結婚式を挙げた。

お互いその姿は結婚式本番まで、楽しみにしておきたかったのだ。

夫となる人は、先に教会に入り、ヴァージンロードの先で待っていた。

私は、教会の中から漏れ聞こえる賛美歌に耳を澄ましながら、大きな観音開きの木の扉の前で、対面のときがくるのを待っていた。いつも会っている仲とはいえ、こうやって会うのはもちろん初めてで、少し緊張していた。

「間もなくです」

係の人の声で、今は亡き父の腕に手を添え、扉が開かれるのを待つ。

父は何も言わず、背筋を伸ばして、ただ前を見ていた。

私はどこを見たら良いのかわからず、じっと手元のブーケだけを見つめていた。

父は、無口で無愛想だったし、私に干渉してくることはほとんどなかった。毎日早朝5時に起きて仕事に行き（仕事の時間が決まっているわけではなく、ただの早起き）、夜は8時頃寝ていたので、夜型の私とは生活スタイルも全く違う。大人になってからは顔を見合わすこともどんどん減り、会話をたくさんしたことはあまりなかった。だが、私は今まで一度だって父からの愛情を疑ったことはない。

母はよく、私の生まれた頃のことを話した。

父からしたら40歳を過ぎてから、やっと生まれた娘。それはそれはかわいがっていたと聞いた。毎日夕方5時ぴったりに帰ってきては、すぐに私を抱っこしてニコニコしていたこと。そしてお膳の上にバスタオルを敷いて、赤ちゃんの私を寝かせ、いつまでも二人で見ていたこと。とても幸せな時間だったと、母は何度でもこの話を嬉しそうにする。

確かに、赤ちゃんの私を抱いている古い写真の中だけでは、いつも父は笑っていた。小さい頃、私が何をしても怒らないので、何度かわざと悪いことをして試したこともあるが、それでも父は怒らなかった。無関心、と感じたことはなかった。少し離れたところからいつも見守ってくれていることがわかっていたからだろうか。

例えば父は、小学校の授業参観には必ず黙って私を見にきていた。

いつも教室には入らず、ドアの小さなガラス越しに私を一瞬見て、にこりともせずに帰って行く。ついつい友達と遊び惚けて帰りが遅くなったときなどは、よく、遠くから私を見守る父を見た。「遅い」とも「帰れ」とも言わずに、ただ見ていただけだが、父なりのそういうさりげない愛情が私は好きだった。

やがて成長するに従って、だんだん私も父と距離を取り出す。遅くに生まれた子によくある、周りの友達のお父さんより自分の父が歳を取っていることが嫌で仕方ない時期もあった。ある参観日に、私の父を見つけたクラスの男子が「野々村だけ、おじいちゃん来てる！」と大声で言ったことで、皆に笑われ、「お前のおとんは、おじいちゃん！」と、からかわれたこともあった。

そういう風に注目されるのが一番嫌な時期だったこともあり、私は父に、「恥ずかしいから、もう参観日来んといて！」と言ってしまった。

父は、「そうか」と言ったきり何も言わず、二度と参観日には来なかった。

思春期になると、たくさん衝突もしたし、ここぞと言う場面では強く叱られた。
それでも、いつも愛情は感じていた。
結婚の挨拶で修士くんと初めて会った日も、父は父だった。
話は聞くが、全く笑わないし、口数も少ない。
修士くんには「もし仕事がなくなったら、肉体労働でもなんでもして食わせよ」、
そして私には帰り際に「もう、帰って来んなよ」と言ったくらい。
父は、どんなときも動じず、威厳のある父親という存在だった。

そんな、何があっても、朝5時ぴったりに起きてくる父が、起きてこなかった日。
それが、私の結婚式の日だった。
母も、あまりの父の元気のなさに驚いたと言っていた。

扉が両側に大きく開いた。

スポットライトが当たったブーケ越しに、真っ赤な絨毯がまっすぐ延びているのが見えた。その先に目を移すと、笑顔の夫が立っていた。

私と父は、光の中、ゆっくりとヴァージンロードを歩き出した。


式の後、少人数でレストランでパーティーをして、両親は帰った。

その後、私たちは二次会に行き、そのまま朝の新幹線で東京へ引っ越す予定だったので、父と母とは、そこでお別れだった。

別れ際、母はよくしゃべったし泣いていたが、父は、何も言わなかった。

「ありがとう」と私が言うと、無表情で「おう」とだけ言って帰っていった。


次の日、東京の新居で、私と夫は一冊のノートを見ていた。

パーティーの間に、皆が私たちに向けてメッセージを回し書きしてくれていたものだった。早くも少しホームシック気味の私だったが、友人たちのふざけた言葉や応援に、笑顔になれた。最後の方のページに、両親からの言葉もあった。

年老いた父が筆ペンで書いた、少し震えた達筆な文字が目に入った。

「幸せ　友紀へ」

たったそれだけの短い言葉に込められた思いの大きさを私は理解し、泣いた。
「幸せになれ」とも「幸せにしてもらえ」とも言わない。
ただただ娘の幸せを願うだけの、とても父らしい、素敵な言葉だった。

その数年後、あと数日で待望の長女が生まれる、という日に父は死んでしまった。
一度くらい、娘を抱いて笑って欲しかった。
結婚してからずっと、私は父がくれた言葉通り生きている。
いつものように、遠くで黙って見守ってくれていたら嬉しい。

父は、6月30日に生まれて6月1日にこの世を去った。

6月30日は父の誕生日でもあり、私たちの結婚記念日でもある。

毎年必ずチャイムが鳴り、あの日のブーケと同じ花が届けられる。

花を手に取る度に私は、あの日ブーケ越しに見えた景色と、あのときの父の横顔と白い髪、夫の笑顔、母の涙、大切な友人やお世話になった方達の顔を思い出す。

そして、父が遺した願い、夫と二人で誓い合い夫婦になったあの日の、愛と希望に満ちた幸せな気持ちが、そのまま蘇るのだ。

こうして、一年ごとに私の夫に対する愛情は更新され、また新鮮な目で夫のことを見つめることができる。


今年も、18個目のブーケが、私の手に届けられた。

慣れても、楽でも、決して忘れてはいけない気持ちはある。

今年も色鮮やかに思い出すことができたことが嬉しい。

第5章 二人で幸せになるために

結婚は二人でするもの。
どちらか片方が幸せになるように
どちらか片方が我慢しているだけ、では
二人の幸せではない。
二人が一緒に幸せになれるように
二人でいつも楽しく過ごせるためのことを考えよう。
夫婦であることを、二人で楽しもう。

行列に楽しく並べるか。

テーマパークの数時間の行列、
美味しいラーメン屋さん、
おしゃれなパンケーキ屋さん。
一緒に行くのはいいけれど、いつもお互いに
黙ってスマホを見ているだけではつまらない。
SNSで、その場にいない人のことばかり気にしないで
目の前の人とコミュニケーションをとること。
ムスッとしてないで、会話をすること。
おしゃべりしながら行列に楽しく並べると、
順番はあっという間。
その時間も、二人で楽しむこと。

タンスの角で思いっきり
足をぶつけた夫に、
とっさに「大丈夫?」が
出てくるか。

「もう〜ちゃんと見てないからじゃん」でも
「どんくさ（笑）」でもいい。
だけど、とっさに出てくる言葉は、
まず「大丈夫？」でありたい。
ゴホゴホ咳をしている夫にも、
突然足がつった夫にも、物を落とした夫にも
「大丈夫？」と言えているか。
相手をちゃんと心配して、
大事に思っていることを日々伝えているか。
自分も大切に扱ってもらいたかったら
まずは相手を大切にすること。

一人で決められることでも、
二人で相談しているか。

いちいち聞かなくてもいいことはある。
大人なんだからある程度は自分で決められる。
だけど、夫婦に関わることや家族に関わることは
なるべくなんでも相談し合おう。
重大なことだけじゃなくていい。
旅行先でもいい、ちょっとした買い物でもいい。
すでに決まっていても、一回相談するだけで、
二人で決めた感じがする。
忙しくても、面倒臭くても、
相談できることは「夫婦の醍醐味」だと感じること。

向こうの提案に
どこまで乗れるか。
こちらの提案に
乗らないときに許せるか。

「絶対に、この行き方で行ったほうが早いよ」
「その服は似合わないから着ないほうがいいよ」
せっかくの提案だけど、聞きたくないこともある。
「絶対に」というのは、「自分にとっては」なだけかもしれない。
提案しても、乗ってこないということは
「何か理由があってやっていること」なんだと理解して
自分によほどの被害がない限りは
うるさく言いすぎないこと。
そして、自分は相手の提案にどこまで乗れるのか。
「えー（ないわ）」と思ったことでも一回は乗ってみる。
それでもやっぱり違うと思うなら、
その上で自分の考えを言うと揉めにくい。

夫を「大きな子ども」だと
思っていないか。

夫のことを「大きな子ども」と扱ってしまうと、
自分は夫に「母親」として扱われるかもしれない。
それで本当にいいのか。
母親への話し方、母親への頼み方、
母親への接し方が当たり前になって
大きな子どもと便利な母親との生活になるかもしれない。
もし、大人の女として見られたいなら、
大人の男として接すること。

「夫婦愛」と「家族愛」を
一緒にしていないか。

夫婦は夫婦。
家族だけど、血の繋がった家族じゃない。
家族のために、夫婦でいるような気になってはいけない。
夫婦だから、家族がいる。
夫婦愛があるから、家族ができ
家族愛が生まれた。
家族愛は永遠だけど、夫婦愛は気をつけないと
日々の生活に置き去りになることがある。
夫婦愛の存在に常に目を向け、何年経っても大切に育もう。

夫婦こそ、
「おかげ様」と「おたがい様」
だということを
忘れてはいけない。

おかげ様で今日も元気に働けて
おかげ様で今日も助けられて
おかげ様で今日も家や衣服は清潔で
おかげ様で今日も家庭はあたたかい。
たまにはイラッとすることもあるけれど
たまにはしんどいときもあるけれど
きっとそれは、おたがい様。
おかげ様の「ありがとう」と
おたがい様の「いつもごめんね」の言葉を忘れず
今日も一緒にいよう。

楽しかった思い出を
何度でも話しているか。

とっくに色褪せそうな昔の思い出も
二人で再上演を重ねれば重ねるほど
色鮮やかに心に蘇る。
二人で補足しあって、補正しあって
いつも色鮮やかに心に残しておく。
楽しかった二人の思い出は、夫婦の大切な結び目。
何度話しても笑える思い出、
何度話しても飽きない思い出。
それらは、巣立つことのない二人の子どもたちのようなもの。
何度でも愛でて、しっかり心を結び直すのだ。

二人が一緒にいる意味を
見失っていないか。

悲しいときは抱き合って泣き、
辛いときは支え合って立ち上がり、
楽しいときは肩を叩き合って笑おう。

しんどいときは無理せず、頼ろう。
なんでも何度も話し合おう。
何個でも思い出を作ろう。

二人いるんだから。

ちょっと長めの あとがき

夫婦喧嘩は買ってはいけない。勝ってはいけない。

私が常に気に留めていることだが、これは17年の結婚生活の中で、夫に教えられたことを言葉にしただけだ。

まだ夫婦喧嘩も多く、何かとぶつかっていた頃。

どちらかというと、思ったことをその場の感情でハッキリぶつける私に対し、夫は喧嘩のときでも慎重に言葉を選んで冷静に話をする人で、決して私のことを言葉や態度で傷つけようとはしない。性格的な違いなのかと思っていたが、今ならそうではないことがわかる。

必要以上に強い言葉を使い、相手の話をさえぎり、声を荒げて主張と攻撃をするのは、「喧嘩に勝つこと」を目的としてしまっているからだ。私は、自分の主観に振り回されすぎて、客観的に二人のことが見えていなかっただけ。夫が、私のようにその場の感情に振り回されないのは、目の前の喧嘩に勝つことよりも、今後の夫婦のこと、夫婦の未来を考えて話ができる人だからだろう。

それに気づいてからは、私も感情的にならず、大きな喧嘩がなくなった。小さな言い合いはあっても一瞬で終わるので、喧嘩をしている時間が圧倒的に減り、代わりに仲良く過ごす時間のほうが増えていった。これは、夫婦にとって、とても重要なことだ。

夫婦喧嘩なんて、少ない方が良いに決まっているからだ。

自分のことだけ考えない。相手の気持ちを思いやる。
夫婦は、どちらか片方が幸せなだけではいけない、二人で一緒に幸せになる。
その幸せは、二人で作るということを忘れない。

そんな小さな心がけ一つで、なんでもない一日が少し変わる。そうやって毎日が少しずつ変わると、人生が変わる。一日の積み重ねが、人生だからだ。

私の心がけの一つ。それは、「いってらっしゃい」と「おかえり」は、たとえ喧嘩をしていても、必ず言うこと。夫に、その言葉を毎日言えることは決して当たり前ではない。二度と言えなくなる日がいつか来るかもしれないのなら、その日まではなるべく、全ての「いってらっしゃい」を笑顔で、すべての「おかえり」を軽やかに言えるように心がけたいのだ。

しかし、いくら心がけていても、とめどなくやってくる、日々の生活という幾十もの折り重なりに隠れて見えなくなってしまう大事なものもある。

私たちはよく、お互いのことを駅や仕事場まで車で送り合う。夫が私を駅まで送ってくれることのほうが多いだろうか。

「いってらっしゃい」「いってきます」

ドアを閉め、窓越しに手を振り合い、お互いの場所へ向かうのだが、最近、気づいて驚いたことがある。

ある日、いつものように夫と別れたあとに私が改札の方に向かい、ふと振り返ってみると、夫が車を停めたままの場所から私を見て、手を振ってくれた。

他の日にも振り返ってみたが、夫はいつも車を停めたまま、私を見ていて、手を振ってくれる。

多分、今まで、ずっとそうだったのだ。

雨の日も、晴れの日も、私が振り返ろうが、振り向かなかろうが、夫は最後まで私を見守り、それから自分の仕事場や、家に車を走らせていた。

結婚して17年も。

私がそんな風に夫を見送ったのは、いつが最後だっただろうか。

最初は必ずそうしていたはずだが、思い出せないくらい、昔のような気もする。

妻であり、母であり、仕事を持つ社会人でもある私は、つい、夫を降ろして「いってらっしゃい」をした瞬間に、家のことや子どものことや仕事のことに心を切り替え、いつの間にか夫を最後まで見送ることをやめて、急いで「次」に向けて車を発進していたのだ。

夫は、毎回、改札で振り返っていたのだろうか。

立ち止まる夫の方を見ず、違うことを考えて走り去る私の横顔を、どんな思いで見たのだろう。

それに気づいた日から、私も同じように、改札に夫が消えるまで見送ることにした。夫は、必ず私を振り返り、笑顔で大きく手を振る。

やってみるとそれは、たった30秒ほどの時間だった。

この、たった30秒のことが、どうしてできなくなっていたのだろう。

この、たったの30秒が、私たち夫婦の心をどれほど深く温めるかを、どうして忘れてしまっていたのだろう。

悲しいが、こんな風に気づかないうちに忘れてしまう気持ちがあるのだ。

夫のおかげで、もう一度思い出すことができたことに感謝したい。同時に、これからも、こういうことを面倒だとは決して思いたくない。

毎日の生活の中にある、こんな数秒を無数に積み重ね、心を温め合うことこそが、夫婦にとって大切な、決して倒れぬ大きな幹になるという確信があるからだ。幸せな数秒が一日に、そんな一日一日がやがて幸せな人生へと続く。


ただ過ぎ去る日々の生活の中、知らないうちに心のどこかにできた雑多な「当たり前箱」に、特に意識せずに放り込んでいた「大切なこと」を一つ、拾い上げることができた。夫が、生きているうちに気づけたことが幸いだ。

長く続く道の上でこそ、小さな努力を重ねよう。

いつまでも、夫と夫婦でいるために。

「あの頃は」ではなく「今」が一番幸せな夫婦で在り続けるために。

感謝と幸せ。
この本を読んでくださった皆様に。

２０１９年秋　野々村友紀子

野々村友紀子 Yukiko Nonomura

1974年8月5日生まれ。大阪府出身。
2丁拳銃、修士の嫁。
芸人として活動後、放送作家へ転身。現在はバラエティ番組の企画構成に加え、吉本総合芸能学院（NSC）東京校の講師、アニメやゲームのシナリオ制作をするなど多方面で活躍中。著書に『強く生きていくために　あなたに伝えたいこと』『あの頃の自分にガツンと言いたい』（産業編集センター）、『パパになった旦那よ、ママの本音を聞け！』（赤ちゃんとママ社）、『夫が知らない家事リスト』（双葉社）がある。

夫婦喧嘩《ふうふげんか》は買《か》ったらダメ。勝《か》ったらダメ。

2019年11月13日　第一刷発行

著 者　野々村友紀子

装画・本文イラスト　米津祐介
ブックデザイン　清水佳子
編集　福永恵子（産業編集センター）

発 行　株式会社産業編集センター
〒112-0011 東京都文京区千石4-39-17
TEL 03-5395-6133
FAX 03-5395-5320

印刷・製本　株式会社シナノパブリッシングプレス

ISBN978-4-86311-247-6 C0095